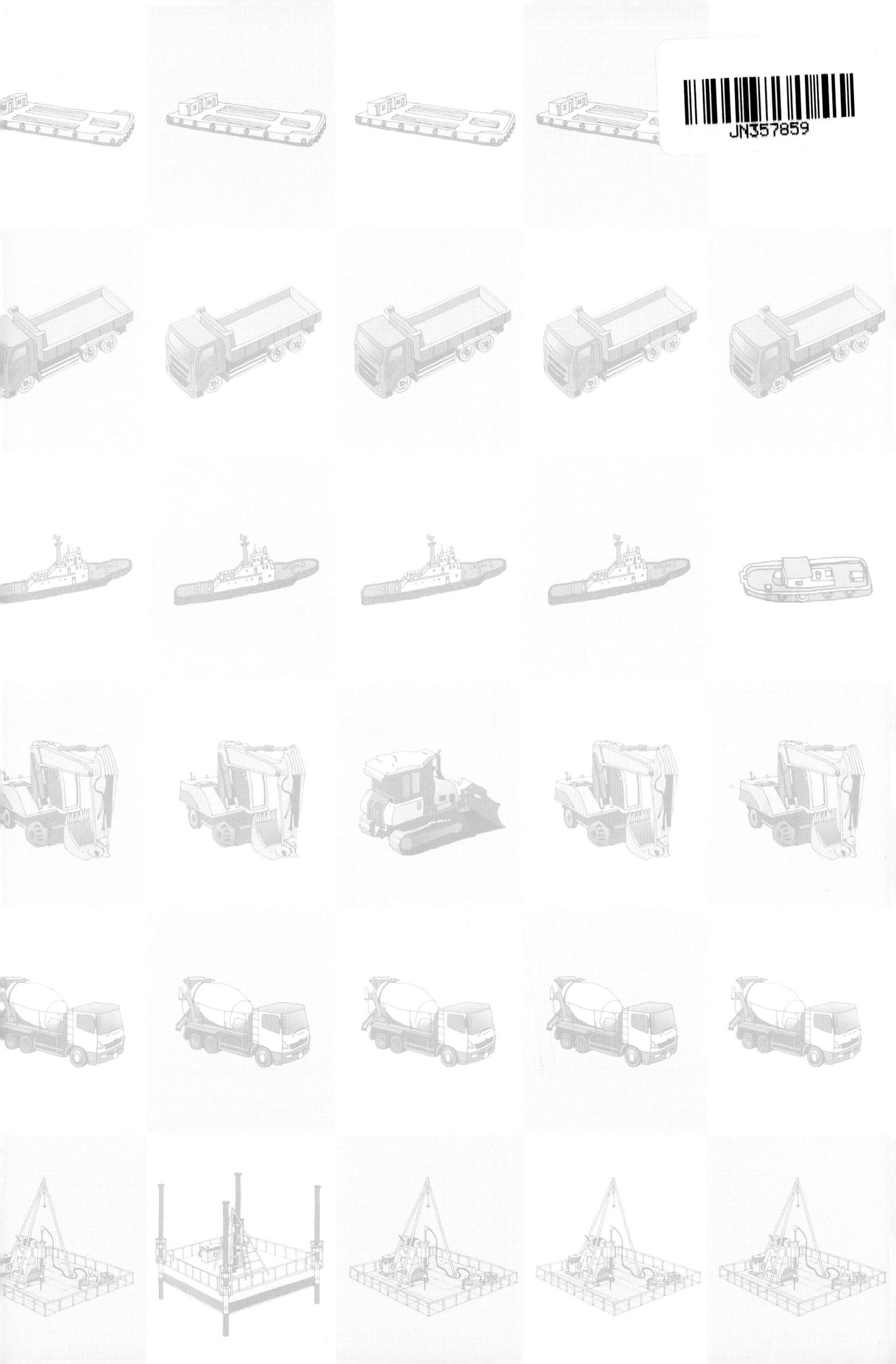

처음 공학 그림책 4

튼튼하게 다리

야마다 가즈아키 그림
최진선 옮김
김성렬 감수

너머학교

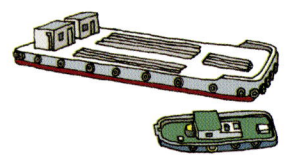 

차례

[공사를 시작하며] 삶을 이어 주는 다리 ········ 3

다리를 만들자 ········ 4
땅 위와 바다 밑을 측정해 ········ 6
다리받침 만들기 ········ 8
기초 공사 시작 ········ 10
기초를 단단하게! ········ 12
주탑 세우기 ········ 14
상판을 만들자 ········ 16
케이블 연결하기 ········ 18
모두 연결됐어 ········ 20

다리가 생겼다! ········ 22
[공사를 마치며] 다리를 놓으면 세계가 넓어져요 ········ 24

이런 다리, 저런 다리 ········ 25
다리의 시작 거기에 있던 나무와 돌 ········ 25
크게 보면 5가지! 다리의 형태 ········ 26
건너 보고 싶어요! 세계의 멋진 다리 ········ 27

다리 공사에서 활약하는 중장비들 ········ 30

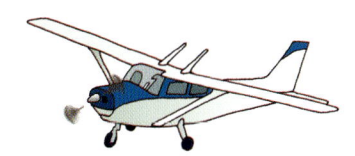

공사를 시작하며

삶을 이어 주는 다리

눈앞에 바로 보여도 바다, 강, 계곡 등에 가로막혀
건너편으로 가지 못하는 곳이 있어요.
어떤 수를 써도 건너갈 수 없는 그런 곳 말이에요.
그런 곳을 보면 많은 사람이 이런 생각을 해요.
'이편과 건너편이 이어져 있다면 훨씬 더 생활하기 편할 텐데……'
이런 생각들이 모이고 모이면 다리를 만들 수 있게 되지요.

우리들 주변에는 다리가 아주 많아요.
도로 위로 건너다니는 육교가 있고, 이리저리 흔들려
마음 졸이는 출렁다리도 있지요.
높은 곳을 지나는 철도나 도로도 다리 위에 놓여 있어요.
논밭에 물을 대는 수로에 걸쳐진 널빤지도 다리의 하나라고 볼 수 있어요.
다리는 크기도 모양도 제각각 다양해요.
만드는 곳에 어울리는 크기와 모양으로 만들지요.

자, 이제 다리를 만들기로 했어요.
케이블이 부챗살 모양으로 걸린 아름다운 다리를 만들 거예요.
다리는 어떻게 놓을까요?
튼튼하게 만들어지는 모습을 들여다볼까요?

다리를 만들자

여기에 다리를 놓자. 다리가 생기면 이편에서 건너편으로 갈 수 있고 건너편에서 이편으로 올 수 있어. 우리의 생활이 훨씬 편해질 거야.

땅 위와 바다 밑을 측정해

어떤 모양으로 다리를 만들지
정하려면 그림을 그려 봐야 해.
그러려면 먼저 육지나
바다 밑을 정확히 측정해야 하지.
또 보링 머신(구멍을 뚫는 기계)
등으로 땅을 깊게 파서 땅바닥이
단단한지 약한지도 조사해.
하늘에 경비행기를 띄워 땅 모양을
기록하고, 땅의 높이도 재지.
다리 모양을 어떻게 만들지 정하면,
드디어 공사 시작!

경비행기로 잰다고요?

경비행기로 어떻게 땅의 높이를 측정할까요?
비행기 동체 밑에 달려 있는 카메라로 사진을 찍거나 레이저 광선을
쏘아서 얻은 정보를 바탕으로 땅바닥의 울퉁불퉁한 정도를 계산하는
거예요. 요즘은 드론을 이용하기도 해요. 그리고 바다 밑바닥은
배에서 바닷속으로 음파를 쏘아서 조사해요.

경비행기

보링 머신이 뭐예요?

땅 밑 깊은 곳까지 작은 구멍을 뚫는 기계예요. 땅속이 어떤 흙으로 이루어져 있는지, 단단한지 약한지를 알기 위해 깊은 곳까지 흙을 파내서 조사할 때 쓰지요.

그림에서 피라미드 모양으로 생긴 부분이 바로 보링 머신이에요. 아래로 연장된 봉으로 흙을 파내요.

다리받침 만들기

이편과 건너편 땅 위에 각각 다리받침을 만들어. 다리받침은 다리 양쪽 끝을 지탱하는 기둥이야. 먼저 땅바닥을 파내고 거기에 철근을 엮어 틀을 만든 다음, 시멘트를 채워 넣어 단단하게 굳혀. 길이가 짧은 다리라면 양쪽에 다리받침을 세우고 그 사이에 상판만 얹으면 공사가 끝나. 하지만, 우리가 만드는 다리는 길이가 길기 때문에 양쪽 끝 말고도 그 사이에 있는 바다에 다리받침 두 개를 더 세워야 해. 다리받침은 건너편 해안에 있는 공장에서 만들고 있어.

굴착기

땅 파는 일이라면 나에게 맡겨 주세요! 앞에 달린 커다란 버킷으로 단단한 지반이 나올 때까지 열심히 흙을 파내요.

덤프트럭

굴착기가 파낸 흙을 가득 실어서 날라요. 힘센 덤프트럭은 공사 현장에서 아주 유능한 일꾼이에요.

기초 공사 시작

크고 단단한 상자를 배가 끌고 있어. 이것은 공장에서 만든 케이슨(잠함)이야. 철근 콘크리트로 만든 아주 커다란 상자지. 케이슨을 바닷속으로 옮겨 다리를 지탱하는 다리받침의 '기초'를 만들 거야. 케이슨은 바닥에 단단히 고정되어 그 위에 얹히는 것들이 흔들리지 않도록 고정하는 역할을 해.
케이슨은 속이 텅 비어 있어서 바닷물에 떠. 그래서 이렇게 커다랗지만 작은 배로도 끌어서 운반할 수 있어.

'그곳'을 찾아가요

케이슨은 배를 이용해서 바다 위의 정해진 위치로 옮겨져요.
그런데 아무 표지도 없는 바다 위에서 어떻게 정확한 위치를 찾을 수 있을까요?
육지에 있는 몇 군데의 지점에서 기계로 위치를 측정하거나,
우주에 떠 있는 '인공위성'에서 보내는 전파를 받아서 미리 정해 놓은 위치로 배를 이끌어요.
그 덕분에 처음에 정해 놓은 '그곳'으로 케이슨을 옮길 수 있어요.

우주에 떠 있는 인공위성

여기가?

거기야!

GPS 전자 기준점

위치를 측정하는 기계

정확한 위치를 알아내기 위해 땅 위에서 뿐만 아니라 우주에서도 확인을 해요. 몇 군데에서 수집한 정보를 계산해서 '그곳'이라고 알려 주는 거예요.

11

기초를 단단하게!

옮겨 온 케이슨에 물을 넣어 바다에 가라 앉혀. 바다 밑에 고정한 다음 여기에 콘크리트를 채워 넣을 거야.
보통 콘크리트를 물속에 부으면 여기저기로 뿔뿔이 흩어져 버려. 그래서 이 공사에서는 물속에서도 흩어지지 않고 단단히 굳는 특별한 콘크리트를 사용해.
기초 공사에는 콘크리트가 아주 많이 쓰여. 그래서 바닥이 평평한 바지선이 콘크리트 믹서 트럭을 싣고 몇 번이고 바다 위를 오가며 콘크리트를 날라.

바지선

바다 위 공사 현장에서 크레인 같은 중장비와 각종 자재를 실어 운반하는 바닥이 평평한 배를 말해요. 화물 운반선이라고도 부르지요.

공사를 해도 배는 평소처럼 다녀요!

바다에는 물고기를 잡는 배, 사람이나 짐을 옮기는 배,
바다의 안전을 지키는 배 등 많은 배가 지나다녀요.
다리 공사를 해도 이런 배들은 평소처럼 지나다닐 수 있지요.
하지만 위험한 상황이 생기지 않도록 충분히 주의를 하며
다녀야 해요. 오랜 옛날부터 바다 위에서는 배들이
우측 통행을 하는 게 기본이에요.

주탑 세우기

이제 바다에는 두 개의 섬처럼 생긴 기초가 생겼어. 이 위에 다리의 기둥인 주탑을 만들 거야. 주탑은 다리에서 가장 높이 솟은 부분이야. 기초 위에 철근을 엮어 틀을 만들고 그 안에 콘크리트를 채워 넣어서 단단히 굳혀. 그 위에 다시 같은 공사를 반복해서 모양을 만들어 가는 거야. 바다 한가운데에 콘크리트 주탑이 점차 솟아오르고 있어.

300미터 높이 주탑에서 본 풍경
(일본 효고현, 아카시 해협 대교)
ⓒ 셔터스톡

주탑 안에는 무엇이 있을까요?

다리는 한번 놓으면 오랫동안 사용해야 하므로, 완공된 뒤에도 수리가 필요한 곳이 없는지 살피기 위해 주탑에 올라가야 할 때가 있어요. 그래서 주탑 안에는 엘리베이터나 계단 또는 사다리 등을 설치해 두지요.

일기 예보를 확인해요!

콘크리트를 채워 넣는 날은 날씨에도 무척 신경을 써야 해요. 비가 오면 콘크리트 작업을 할 수 없거든요. 물이 너무 많이 섞이면 콘크리트가 단단하게 굳지 않기 때문이지요.
물론 콘크리트가 다 굳은 뒤에는 비가 오는 걸 걱정하지 않아도 돼요.
이처럼 콘크리트 작업은 때를 잘 맞추는 게 무척 중요해요. 그래서 항상 일기 예보를 확인하지요.

상판을 만들자

높이 솟은 주탑 양쪽에서 상판을 만들기 시작했어. 상판은 사람이나 자동차가 지나다니는 평평한 부분이야.
상판은 발판이 설치된 사각형 모양의 이동 작업차 안에서 만들어. 주탑을 가운데 두고 양쪽에서 같은 길이의 상판을 같은 시간에 완성해.
정해진 길이로 상판이 완성되면, 이동 작업차는 통째로 앞으로 전진해서 다음 상판을 만들어.

상판 안에는 무엇이 있을까요?

상판 안에는 보통 사람이 지나다닐 수 있을 정도의 공간이 있어요.
이 공간으로 생활에 꼭 필요한 수도관, 전선, 통신선 등이 지나가지요.
이렇게 상판 안에 공간을 만들면 상판의 무게도 줄일 수 있어요.

이동 작업차

주탑 양쪽에 붙여 상판을 만드는 작업장을 말해요. 철골을 엮어서 아주 튼튼하게 만들지요. 바닥과 천장이 있어서 날씨가 좋지 않은 날도 공사를 안전하게 진행할 수 있어요.

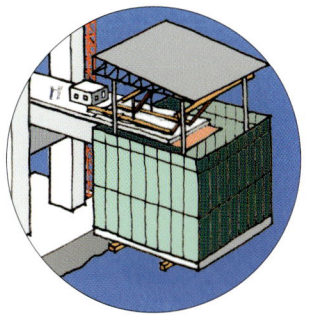

케이블 연결하기

주탑 양쪽에 같은 길이의 상판이 생기면, 주탑에서 케이블을 늘어뜨려 상판과 연결해. 균형 잡기 장난감처럼, 주탑을 중심으로 좌우에서 무게 균형을 잡음으로써 상판이 지탱되는 거야. 상판 길이가 더 길어지면 더 높은 곳에서 케이블을 늘어뜨려 상판을 연결해. 이런 과정을 여러 번 반복하면서 상판을 늘려 가.

균형 잡기 장난감과 같아요!

균형 잡기 장난감은 좌우에 똑같은 무게 추가 달려서 양팔로 균형을 잡고 흔들리지요. 주탑 양쪽으로 케이블에 연결된 상판은 이 균형 잡기 장난감이랑 같은 원리로 만들어졌어요.

엄청나게 튼튼한 케이블!

다리를 만들 때 쓰는 케이블은 철강으로 만들어요. 철강은 철에
탄소 등을 섞어서 만든 금속으로 아주 단단한 것이 특징이지요.
케이블을 만드는 강선은 얼핏 철사랑 비슷해 보이지만,
그 강도는 전혀 달라요. 게다가 여러 겹의 강선을 겹쳐서
사용하지요. 그래서 다리에 쓰는 케이블은 무척 튼튼해요.

모두 연결됐어

각각의 방향에서 조금씩 길이를 늘려 온 상판이 바다 위에서 드디어 하나로 연결됐어. 주탑에서 늘어뜨린 케이블도 멋지게 묶여서 아름다운 모습을 드러냈지. 이제 다리 상판에 아스팔트를 깔고, 난간을 붙이고, 조명을 다는 일이 남았어. 그런 다음 육지에 있는 도로와 잘 연결하면 다리 완성!

다리 개통을 축하해요!

다리 상판을 모두 연결하면 성대하게 축하를 해요. 마지막으로 아주 조금 남겨 두었던 상판의 작은 틈새에 콘크리트를 채워 넣으면 지켜보던 모든 사람들이 박수를 쳐요! 모두의 눈앞에서 다리가 완성되는 거예요.

상판 길이가 변한다고요?

상판은 무더운 여름에는 길이가 조금 늘어나고 추운 겨울에는 조금 줄어들어요. 재료로 쓰인 콘크리트나 철근이 온도에 따라 늘어나거나 줄어들기 때문이에요.
그래서 상판을 딱 맞게 만들면 길이가 늘어날 때 연결 부분이 서로 부딪히게 돼요. 이런 일을 막기 위해 상판과 다리받침의 도로 사이에는 틈새를 약간 만들어 두지요.

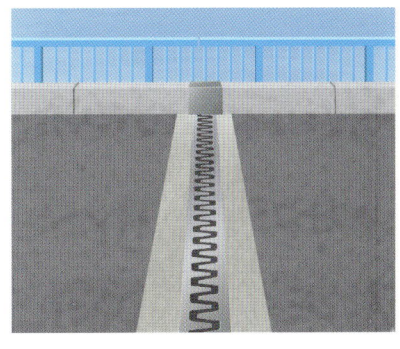

공사를 마치며
다리를 놓으면 세계가 넓어져요!

바다를 가로질러 육지와 육지를 잇는 다리가 완성됐어요.
막 잡은 생선을 옆 동네 슈퍼에 바로 배달할 수 있고,
몸이 불편한 환자를 큰 병원까지 재빨리 옮길 수 있어요.
예전에는 시간이 많이 걸렸던 일이지만, 이젠 짧은 시간에 해낼 수 있어요.
또, 멋진 다리를 보려고 먼 곳에서부터 많은 사람이 모여들어요.

사람과 사람 사이에도 다리가 연결되어 있는 것 같아요.
새로운 만남이 있으면 우리가 만나는 세계가 넓어지는 것처럼 느껴지니까요.

주변에 있는 다리들을 찾아 보세요.
다리로 이어져 있는 건너편이 어디인지도 알아봐요.
분명히 새로운 것을 발견할 수 있을 거예요.

이런 다리, 저런 다리

다리의 시작
거기에 있던 나무와 돌

강이나 계곡을 지나 건너편으로 가기 위해 주변에 있던
통나무나 돌을 놓았던 것이 다리의 첫 시작이었을 거예요. 아주 단순한 모양의
'다리'였죠. 지금도 이런 방법으로 강이나 계곡을 건너는 곳이 남아 있어요.
나무 덩굴을 엮어 만든 다리도 오래전부터 있었어요. 나무 덩굴은 잘 구부러지고
여간해서는 끊어지지 않거든요. 일본 도쿠시마현 이야케에 있는
'가즈라 다리'는 강 위 14미터 높이에 걸쳐져 있는데,
길이가 45미터나 되는 출렁다리예요. 다래나무 덩굴을 엮어 만들었는데,
상상할 수 없을 만큼 튼튼하지요. 이 다리는 3년마다 새로 만든다고 해요.

가즈라 다리

ⓒ 아이스톡

크게 보면 5가지! 다리의 형태

마음에 드는 다리 모양을 찾아 보세요!

거더교

다리받침 위에 평평한 상판을 놓은 다리예요. 구조가 간단하기 때문에 아주 옛날부터 만들어 사용했어요.

영국 다트무어에 남아 있는 고대의 다리

ⓒ 아이스톡

아치교

반원처럼 생긴 다리예요. 아주 옛날부터 벽돌이나 돌을 쌓아서 만들어 왔지요.

돌을 쌓아 만든 전라남도 순천시 선암사의 승선교

ⓒ 아이스톡

트러스교

철재 막대기를 삼각형 모양으로 엮어서 만든 다리예요. 삼각형은 힘을 분산시켜서 다리를 튼튼하게 유지할 수 있어요.

한강에 놓인 최초의 다리인 한강철교

ⓒ 셔터스톡

현수교

굵은 케이블의 양쪽 끝을 커다란 콘크리트 구조물에 고정시키고, 주탑 사이에 늘어뜨린 굵은 케이블에 상판을 가는 케이블로 매달아서 만든 다리예요.

복층으로 만들어진 현수교인 부산광역시의 광안대교

ⓒ 아이스톡

사장교

상판을 놓고 주탑에서부터 케이블을 균형 잡기 장난감처럼 좌우 대칭으로 연결하여 상판을 지탱하도록 만든 다리예요.

우리나라 최초의 사장교인 전라남도 해남군의 진도대교

ⓒ 아이스톡

건너 보고 싶어요!
세계의 멋진 다리

대한민국

우리나라에서 가장 긴 다리

인천대교는 인천광역시 연수구 송도 신도시와 중구 영종도 해안 도로를 잇는 왕복 6차선 다리로, 제2 경인 고속 도로의 일부예요. 다리의 총길이는 18.38킬로미터로 우리나라에서 가장 크고 길어요. 다양한 형식의 다리가 이어진 형태인데, 사장교 구간의 주탑은 높이가 238.5미터예요.

ⓒ 셔터스톡

일본

떠내려가면 다시 만드는 다리

교토 기즈가와에 놓인 고즈야 다리는 나무로 만들었는데, 홍수 등으로 물 높이가 높아지면 상판은 떠내려가고 다리 기둥만 남아요. 그래도 기둥이 남아 있으면 다리를 간단히 다시 만들 수 있어서 지금까지도 사라지지 않고 남아 있어요. 이런 다리를 '흐름 다리'라고 하는데 다른 나라에서도 찾아 볼 수 있어요.

ⓒ Wikimedia Commons

ⓒ 아이스톡

영국

상판이 열리는 유명한 다리

런던의 템스강에 놓인 타워 브리지는 배가 지나갈 수 있도록 다리 상판을 들어 올릴 수 있어요. 다리를 들어 올리는 데에 단 1분밖에 걸리지 않아요. 하지만 지금은 그 광경을 일주일에 몇 번만 볼 수 있대요.

왼쪽은 2016년에 태풍으로 상판이 떠내려갔을 때의 모습이고, 오른쪽은 상판을 새로 만들어 붙인 모습이에요.

ⓒ Wikimedia Commons

ⓒ 아이스톡

산호초 바다에 놓인 긴 다리

푸른 바다 위에 놓인 세븐마일 브리지예요. 세븐마일(7마일)은 약 11킬로미터 정도의 길이예요. 물 깊이가 얕은 바다라서 만들 수 있는 긴 거더교로, 키웨스트 섬과 연결된 고속 도로의 일부예요.

다리 공사에서 활약하는
중장비들

굴착기
기계 팔에 달린 커다란 버킷으로 흙을 긁어내듯 파내요. 육지 공사에서 큰 활약을 하지요.

바지선
바다 위에서 공사를 하려면 꼭 필요한 배예요. 중장비와 각종 자재, 사람 등을 태워서 운반하지요. 스스로 움직이는 것도 있고, 예인선에 이끌려 이동하는 것도 있어요.

예인선으로 끌어당겨요.

크롤러 크레인
무거운 자재를 들어 올려 운반해요. 육지에서도 쓰지만, 바지선에 실려 바다 위에서도 활약해요.

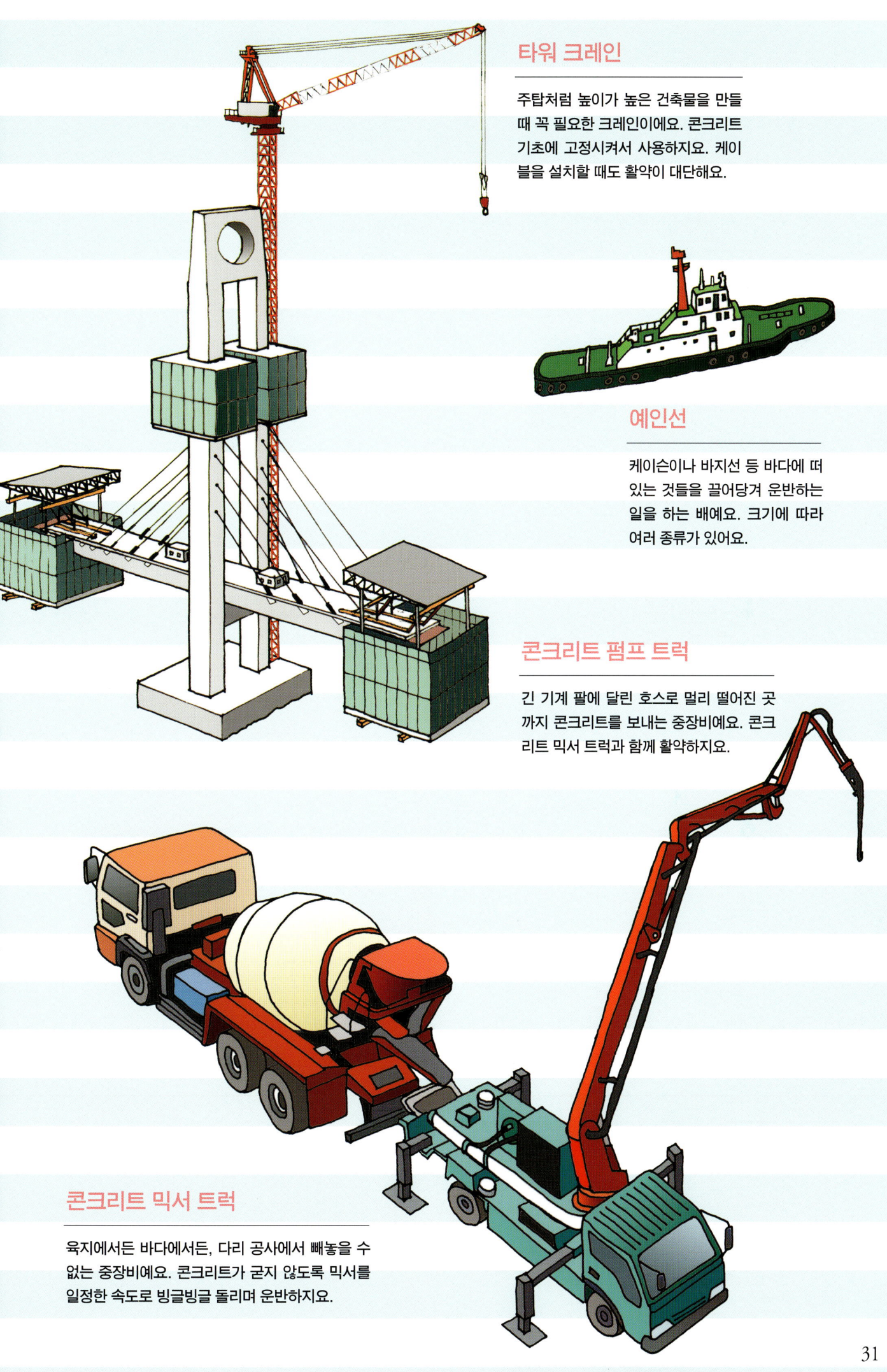

타워 크레인
주탑처럼 높이가 높은 건축물을 만들 때 꼭 필요한 크레인이에요. 콘크리트 기초에 고정시켜서 사용하지요. 케이블을 설치할 때도 활약이 대단해요.

예인선
케이슨이나 바지선 등 바다에 떠 있는 것들을 끌어당겨 운반하는 일을 하는 배예요. 크기에 따라 여러 종류가 있어요.

콘크리트 펌프 트럭
긴 기계 팔에 달린 호스로 멀리 떨어진 곳까지 콘크리트를 보내는 중장비예요. 콘크리트 믹서 트럭과 함께 활약하지요.

콘크리트 믹서 트럭
육지에서든 바다에서든, 다리 공사에서 빼놓을 수 없는 중장비예요. 콘크리트가 굳지 않도록 믹서를 일정한 속도로 빙글빙글 돌리며 운반하지요.

그림 야마다 가즈아키

일본 교토에서 태어났으며, 지금은 가나가와현에서 살고 있어요. 일본 아동문예가협회 회원으로서, 다양한 기법으로 멋과 깊이가 있는 그림을 그리고 있어요. 2010년, 2011년, 2018년에 이탈리아 볼로냐 국제 어린이 도서전 원화전에 입선했어요. 주요 작품으로는 그림책『빨간 풍선』 『나와 동물들의 음악회』등이 있어요. 특히『빨간 풍선』은 제9회 유치원 그림책 대상을 수상했으며, 독일에서도 그림책 상을 여럿 수상했어요.

번역 최진선

이화여자대학교 대학원에서 여성학을, 일본 시가현립대학교 대학원에서 여성학을 공부했어요. 지금은 일본 간세가쿠인대학교 등에서 한국어를 강의하며 연구와 번역을 하고 있어요. 『탄탄하게 도로』『나쁜 생각은 나빠?』등을 우리말로 옮겼으며, 『한글, 모든 자연의 소리를 담는 글자』를 일본말로 옮겼어요.

감수 김성렬 (서울대학교 공과대학 건설환경공학부 교수)

처음 공학 그림책4
튼튼하게 다리

2020년 10월 7일 제1판 1쇄 인쇄
2020년 10월 30일 제1판 1쇄 발행

그린이	야마다 가즈아키
옮긴이	최진선
펴낸이	김상미, 이재민
편집	송미영
디자인	정계수
종이	다올페이퍼
인쇄	청아문화사
제본	신안제책
펴낸곳	너머학교
주소	서울시 서대문구 증가로20길 3-12 1층
전화	02)336-5131, 335-3366
팩스	02)335-5848
등록번호	제313-2009-234호

ISBN 978-89-94407-82-1 74530
ISBN 978-89-94407-77-7 74530(세트)

DANDAN DEKITEKURU HASHI
Copyright ⓒ Froebel-kan Co., Ltd. 2020
First published in Japan in 2020 by FROEBEL-KAN Co., Ltd.,
Korean translation rights arranged with FROEBEL-KAN Co., Ltd.,
through JM Contents Agency Co,
Korean edition copyright ⓒ 2020 by Nermerbooks

Supervised by KAJIMA CORPORATION
Illustrated by YAMADA Kazuaki
Illustrated by MATSUMOTO Naomi(p11 below/ p18 A Balancing toy/ p20&21 below)
Designed by FROG KING STUDIO

www.nermerbooks.com
너머북스와 너머학교는 좋은 서가와 학교를 꿈꾸는 출판사입니다.

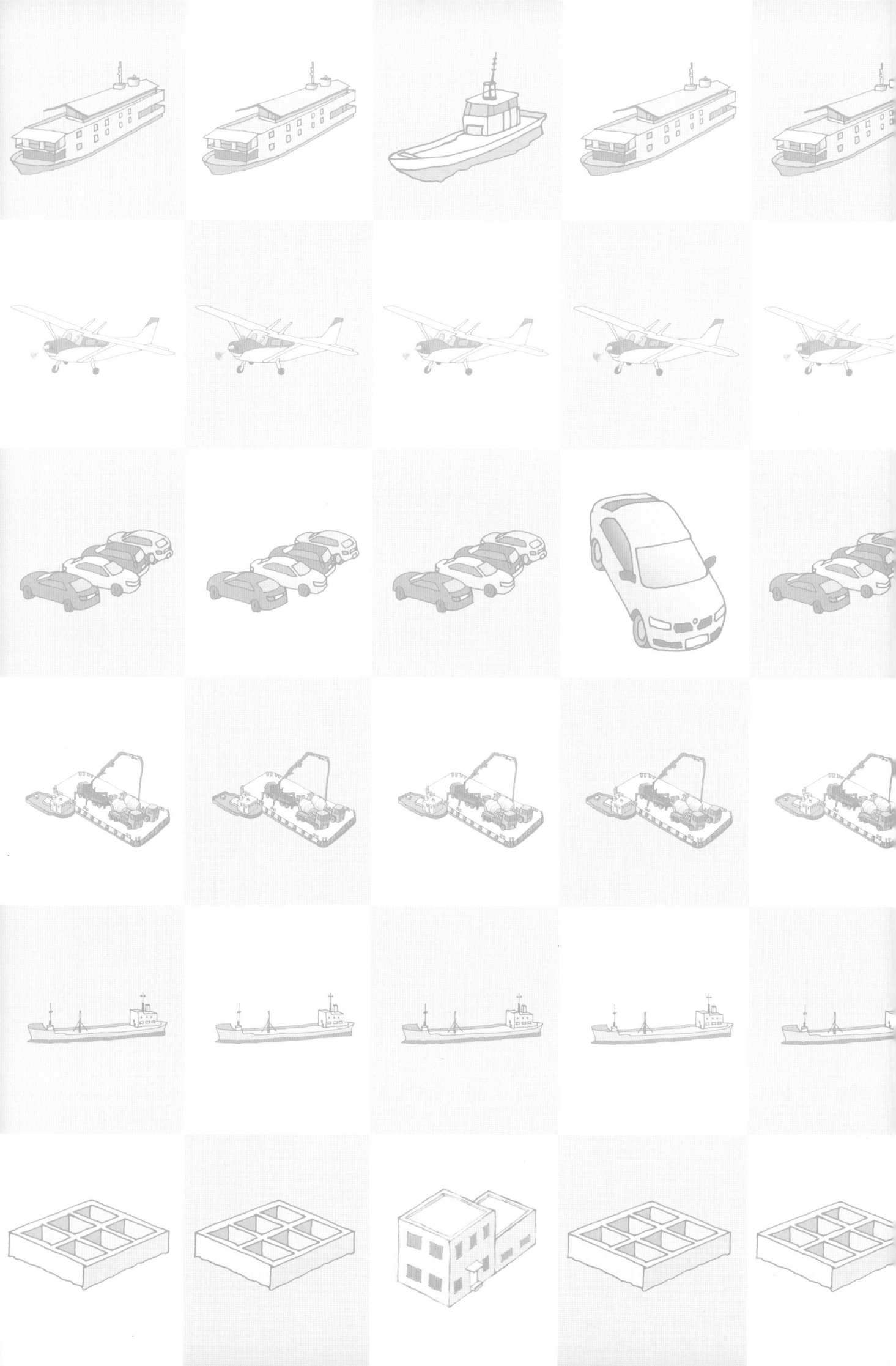